LA PRÉFACE DE L'ANGLOPHOBE

CALAIS

LA PRÉFACE DE L'ANGLOPHOBE

HISTOIRE

DE

L'invasion des Anglais en France

SOUS LE RÈGNE DE

NAPOLÉON III

EMPEREUR DES FRANÇAIS

Écrit, Illustré et Héliographié

PAR

JULIUS-MARIA LŒWE

LES DESSINS DU VOLUME SERONT DE LOEWE, LEVASSEUR ET OULEVAY

PARIS

IMPRIMERIE TYPOGRAPHIQUE DE G. KUGELMANN

13, rue Grange-Batelière, 13.

—

1868

NOTE DE L'AUTEUR

SUR SON

ÉPITRE AU GAULOIS

Les écrits n'ayant à vivre que la vie des infusoires, ma lettre au *Gaulois* est presque d'âge antédiluvien. Voilà plus de trois mois qu'elle gît, composée, dans l'imprimerie. Depuis ce temps le *Gaulois* est devenu un succès, le Warwick (kinkmaker) des Espagnols, enfin non protecteur.

N'ayant pas le temps de m'acquitter immédiatement de mon devoir d'ingratitude envers lui, je laisse à ma lettre un cachet d'antiquité, et je prie humblement mon protecteur de me donner crédit jusqu'à la publication de la prime du *Gaulois*,

EXTRAIT DES MÉMOIRES

D'UN

PHOTOGRAPHE AMBULANT

A MONSIEUR HENRY DE PÈNE

Rédacteur en chef du journal le *Gaulois*.

Tristam Shandy se laissa embêter pendant vingt ans par le grincement d'une porte, que quelques gouttes d'huile pouvaient faire mieux jouer.

Afin d'arracher ma prose au triste sort que sa mise peu décente lui a fait, j'ai dû acheter une grammaire.

Voilà quelques jours seulement que la bonne vieille m'aide a rafistoler mon style. Il ne peut nullement encore avoir ce parfum d'élégance exigé dans vos parages ; mais ne serait-ce que pour vous servir de repoussoir, il a un certain droit à votre tolérance. Vous feriez même preuve de bon goût en l'admettant : les lecteurs aiment les contrastes, et à côté de l'abeille revenant avec un butin factice, glané à travers la vitrine de la devanture d'un marchand de fleurs artificielles, il ne faut pas trop dédaigner celle qui revient, tout bêtement, des champs du bon Dieu, à la ruche !

Je sais lire couramment, c'est déjà quelque chose : je me sens aussi la vocation d'écrire aux Gaulois, c'est également quelque chose ; et, si vous étiez assez complaisant pour mettre vous-même un peu d'huile à cette porte qui grince à mon approche, vous ne pourriez que jeter un nouveau lustre sur ces Gaulois, vos ancêtres d'adoption, que vous dites avoir été d'un caratère jovial, hospitalier et nullement parcimonieux en fait de propriété littéraire.

C'est l'absence d'orthographe dans mes deux premières lettres à votre adresse, qui m'a déjà, sans doute, fait passer à vos yeux pour un vil flatteur. Détrompez-vous! Au fond de l'âme du vieil esclave la révolte est toute décidée, combinée et près d'éclater; et, il m'est avis, que *lorsqu'un homme fait mine de vouloir se redresser*, les *camarades* peuvent gratuitement lui donner un coup de main pour l'aider à se faire sa place au soleil.

J'ai dit les *camarades* et non mes *camarades* : la camaraderie, à l'encontre de l'amitié, repose sur des vices caressés en commun; et, si avant de m'admettre, les *camarades* voulaient connaître les miens, ils ne m'admettraient probablement jamais. Je réussirai plutôt à faire d'eux mes amis, parce que, incliné comme je suis aux perfidies, ils en auront, alors, moins à redouter de ma part. (Voyez l'anglophobe : *Des piliers de la taverne anglaise.*)

La fréquentation des Anglais a eu des conséquences fâcheuses pour moi; vous les fréquentez avec plus de bonheur ; cela se voit; vous devez tenir à nous les montrer irréprochables et être content ainsi que je vous fournisse l'occasion de trouver une mission sérieuse pour votre journal.

Pas de remerciements, messieurs! laissez-moi d'abord vous rendre d'autres petits services et vous acquitter envers moi-même par l'honneur que vous me faites de les accepter.

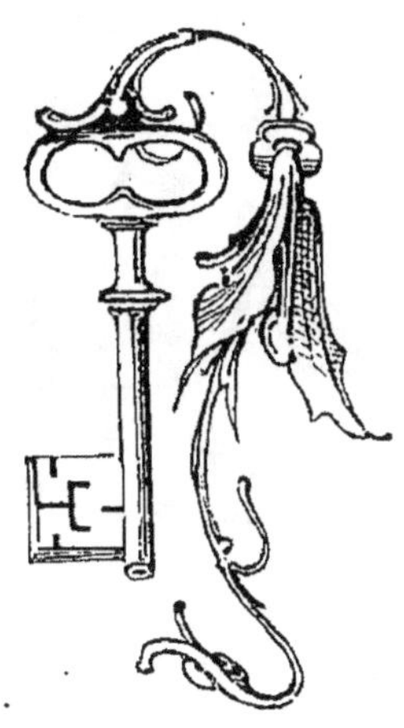

La génération actuelle de la race gauloise commence déjà passablement à savoir être aussi petite de ce côté de la Manche que de l'autre. (Cet effet n'était pas dans l'intention des enthousiastes de l'Anglais, mais il est acquis.) Heureusement qu'il lui reste encore à apprendre à être ridicule au même degré de morgue et de conviction imperturbable! Stage hérissé de difficultés.

Il faut bien calculer vos forces! A moins que quelqu'un qui s'y connaît ne vous vienne en aide, vous vous sentirez encore longtemps frémir d'indignation *à vous voir montrer du doigt.*

Aut! aut! Il faut opter, messieurs, il en est temps, ou vrai Gaulois (et nous nous entendrons aisément sur les vraies conditions de cet homunculus), ou Anglais parfait (et je ferai le boniment de ce géant de la foire du monde). Pas de milieu entre ces deux termes! Pas de métis.

Si le Christ avait cru pouvoir perpétuer son règne avec des mulets, il n'aurait pas choisi un âne pour monture.

Essayerai-je de vous mettre à l'épreuve? Je l'appréhende ! vous n'auriez qu'à sourciller et je me serais fait un ennemi d'un journal, appelé déjà à la toute puissance par la simple raison qu'il ne sait pas encore ce qu'il veut.

Mais en fait de ridicule prémédité, il n'y a que le premier pas qui coûte.

Pas de timidité, je vous veux du bien. Si jamais l'idée me vient de me jeter du haut de la colonne Vendôme, je me collerai auparavant une affiche de votre journal sur le dos, et je vous promets de tomber sur le ventre pour que tout le monde puisse la lire en me ramassant...

J'ai eu l'honneur de vous entretenir de mon :

HISTOIRE DE L'INVASION DES ANGLAIS EN FRANCE

SOUS LE RÈGNE DE NAPOLÉON III

Je vais commettre une indiscrétion envers moi-même en vous donnant un extrait de cette histoire. J'y joindrai de bon cœur un vocabulaire *ad hoc*, afin qu'il puisse être lu avec fruit; mais je n'ai pas le calendrier de vos opinions politiques sous la main, et, si je ne tombe pas justement sur le jour où vous (comment dirai-je la chose?) où vous — ne refusez pas de vous encanailler, je courrai la chance d'être éconduit.

A tout risque donc, je me fie à votre sagacité. Comment pourriez-vous plus utilement vous encanailler qu'en vous pénétrant bien profondément d'une vérité? Mais, en retour aussi, j'espère, vous me rendrez le service d'abdiquer (pour tout le temps exigé par la lecture de cet extrait seulement) le titre de :

DIRECTEUR GÉRANT DU JOURNAL LE GAULOIS, FONDÉ EN L'AN DE GRACE 1868, ET IMPRIMÉ CHEZ MONSIEUR KUGEL-MANN, IMPRIMEUR TYPOGRAPHE, 13, RUE DE LA GRANGE-BATELIÈRE, A PARIS.

Je suis vraiment désolé de ce sans-façon à mettre un titre aussi bien mérité sous le boisseau ; mais je n'ai pas entendu dire que des éclipses de si peu de durée aient jamais pu avoir des conséquences fâcheuses, et je ne vois pas, alors, où serait le mal que vous fussiez, pendant quelques instants, mon candide lecteur, ma souris blanche, ma chose, ma tête de carton.

(Vous le voyez, monsieur, je suis l'échelle hiérarchique des métamorphoses, qui s'opèrent communément chez le lecteur, pris au filet).

J'ai dit : « *ma tête de carton*, » pour vous faire comprendre par la voie de l'allégorie, que j'essayerai sur elle maintes et maintes idées.

Est-ce convenu, monsieur ? Faites bonne mine, alors, et je vous promets qu'à chaque bonnet qui aura du chic, (*sic*) j'ajusterai de beaux rubans et que je vous mettrai à la devanture de ma boutique.

On peut faire la sourde oreille avec la logique ; mais une promesse de réclame rend l'ouïe plus douce. Et quelle réclame !!! « A la devanture même de ma boutique. »

Allons, allons, voilà que vous me léchez la patte. Soyez ma tête de carton, mais restez digne, fier et indépendant (*indépendant*, je crois, est le mot consacré pour s'autoriser à prélever les impôts privés, sur la sottise publique).

Comprenez bien l'art de ma manière de procéder? Comprenez bien l'intention généreuse que j'ai envers vous? Je vous fais mettre à la place d'un lecteur et vous fais endurer des impertinences.

(Si vous n'aviez pas compris cet impératif catégorique (voyez Kant), déguisé en une innocente plaisanterie, vous mériteriez que je n'eusse pas plaisanté du tout. Vous reviendrez tantôt dans la peau de MM. les Directeurs gérants du journal *le Gaulois*, etc., vous y retournerez avec la connaissance de la partie qu'on joue avec un lecteur, et certes! aussi vrai que vous êtes un galant homme, cette conscience vous est tout aussi nécessaire qu'à messieurs les camarades.

Nous y sommes!

Les mondes n'ont été, de tous temps, modifiés que par ces fous qui ne relèvent pas de la routine, mais qui savent, afin de faire recevoir leur idée fixe, ne pas se tromper du temple qu'il faut mettre en feu pour cela : Dans la foule de choses sacrées, il se trouve toujours une chose que les mondes voient flamber avec un plaisir plus ou moins avoué, mais avec plaisir.

Ce que je veux ne se peut clairement expliquer que par son succès, et, « de ce succès je ne doute pas le moins du monde ! » Si je voulais vous arracher une larme, un de ces lampions qui illuminent quelquefois avec éclat les orgies de l'esprit, je n'aurais qu'à vous peindre la nuit où mon âme accoucha de sa fille chérie : la Haine. Mais j'aime mieux attendre avec cette peinture jusqu'à ce que je puisse franchement en rire et, en voyant cette fille si belle et si grande, j'en souris déjà.

Comment, j'aurai une grande et belle fille à envoyer chez ces tout-puissants, et je ne sourirais pas ?

Pas si fou et si ennemi de la routine que ça.

Un peu de bonne foi peut seule vous apprendre que c'est mon bien que je réclame quand je vous prie de me prêter pour un moment cette oreille de votre public pour que j'y turliturlure aussi un brin. Une conviction comme la mienne, qui connaît la part notable de confusion avec laquelle je peux contribuer à augmenter la confusio gnénérale ne s'ébranle pas aisément. Le diamant polit le diamant. — A confusion, confusion et demie !

Et maintenant, *hocus*, POCUS, CHAMMERLEMASSEH (formule des sorciers de l'école du Caucase).

Jetez la figure de tête de carton et retournez dans la peau de M. Henri de Pène, rédacteur gérant du journal le *Gaulois*, imprimé chez M. Kugelmann, 13, rue de la Grange-Batelière. Un an 64 fr., six mois 32 fr., trois mois 16 fr.

Le chapeau à la main et la face inclinée respectueuse-
ment vers la terre, vous me trouverez, en rentrant, près
de cette porte qui grince et il ne restera pas trace que
j'aie paru un moment ne pas être, Monsieur, votre dévoué
et humble serviteur,

Dr JULIUS.—M. LŒWE.

Hornoy (Somme), août 1868.

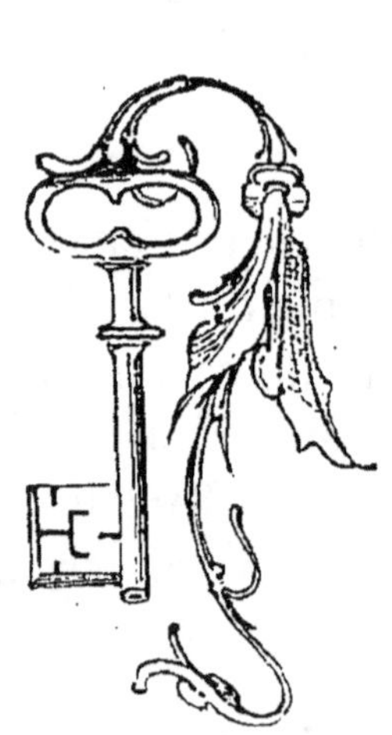

Préface de l'histoire des invasions des Anglais en France

sous le règne de Napoléon III.

Le contentement, la satisfaction est à ce qu'il paraît d'un
rendez-vous sur un sable mouvant, pour s'adresser à la
fois, à toutes les nuances d'intelligence qui se vouent au
culte de la nationalité française. (Sauf le respect que l'on
doit aux anniversaires des batailles gagnées et aux jours
des promenades des bœufs gras).

Les lieux d'assemblée les plus propices sont encore les
mécontentements ; et les gouvernements, loin de s'en effa-
roucher, devraient plutôt leur donner quelques encoura-
gements, et ne pas laisser s'épuiser et disparaître des su-

jets de plainte, ne fût-ce que pour savoir où les retrouver ensemble sans avoir besoin de courir après l'un ou l'autre quand on en aura besoin, pour des besognes internationales.

Je ne me connais pas trop en fait de mécontentements, et je n'ai pas mandat pour démêler ceux qui peuvent avoir ou n'avoir pas raison d'être. Ce que je saurai faire, ce sera de me rendre sur ce lieu d'assemblée et de donner le change, en substituant un sujet de mécontentement, gravement négligé, à tous les autres sujets ayant cours forcé en France.

L'amitié de la France pour l'Angleterre, voilà mon sujet, ma mine californienne, d'où je puis extraire un trésor de vérités et de nobles antipathies dont les Gaulois semblent avoir perdu le secret.

Le gisement en existe néanmoins !

L'Empire français, ainsi que la nation française, y trouveraient l'arcanum de leur régénération.

L'Empire, en se voyant replacé dans les conditions primitives de son avènement, où il avait encore le libre arbitre d'accepter l'héritage des rancunes de Napoléon Ier sous bénéfice d'inventaire ;

La nation, en reprenant sa mission historique.

Cette mission lui assigna le rôle de libératrice, et, si elle a pu, un moment, récuser ce juge du camp qui a nom *l'humanité*, en se laissant diminuer au contact de la Carthage moderne, ce n'est pas une raison pour qu'elle y persiste. Il y a péril !

Ce n'est pas l'attitude de la France et de l'Allemagne qui est menaçante pour la paix du monde ! (Comme ils sont haletants et harrasés ceux qui sont attelés au char de Bellone.)

Plus tôt les Emile de Girardin auraient réussi à précipiter l'Empire dans une guerre européenne, plus tôt ils auraient la satisfaction de se voir décerner un brevet de vrais prophètes. Ne pas reculer devant des carnages pour l'amour de la prophétie, voilà une vocation devant laquelle je m'incline.

Où est donc la menace ? Dans l'alliance anglo-française, dans cette superstition d'amour de la paix.

Quand donc la France a-t-elle communié dans la même idée avec l'Angleterre, sans en revenir brusquement ou en essuyer seule les conséquences, alors même que l'Angleterre avait des intentions honnêtes ?

Marcher de conserve avec l'Angleterre dont la maxime unique est l'exploitation des peuples, c'était, de la part de la France, s'exposer à être parmi les nations la première exploitée. Or je ne lui connais pas le penchant de se mettre en tutèle.

En descendant des pentes raides et escarpées, j'ai toujours eu pour habitude de lâcher les rênes à mon attelage. C'est en vertu de ce goût invétéré que je n'hésite à faire l'aveu que dans mes veines circule et s'agite un philtre rajeunissant, la haine. J'ai bu à longs traits dans sa coupe ! Demandez à certaine femme qui, *depuis*, m'a accordé ses faveurs avec pleine autorisation de m'en faire gloire, si je perds mon temps à lui tortiller un fichu !

Non ! la vérité, en se jetant dans nos bras, ne l'entend

pas ainsi : La vérité affublée des haillons des religions et philosophies, quand elle reprend son costume grec, ne se jette pas dans les bras des eunuques.

Mes paradoxes, mes rages, souffleront comme autant d'ouragans purificateurs sur l'atmosphère miasmatique qui pèse sur ces relations internationales.

C'est l'Angleterre elle-même qui m'a élevé au rang d'historiographe de sa ruse ; et, quand je dis ruse, je ne veux nullement faire l'éloge de sa sagacité, car où il y a ruse, on touche de plus près à la brutalité qu'à la probité. La sagacité est honnête.

La France se trouve donc, non en face d'un don d'intuition, mais en face d'un don d'instinct ; et certes ! il est plus honorable d'en avoir été la dupe que d'en rester la complice.

Voilà mon oracle prononcé.

Les oracles, à Delphes, ne se rendaient pas sans mettre les pythonisses dans les convulsions.

Va donc pour les convulsions, le sujet le veut !

II

Je prierai Dieu de nous dépêcher son messie de la haine !

Il nous le fait attendre !

Mais, fatalement, il doit le faire succéder à son messie d'amour, pour que celui-ci cède la place, à son tour, au messie de phlegme (l'âge d'or de l'indépendance univer-selle), si toutefois l'idée de la trinité n'a pas prédestiné le même messie à être successivement investi de ces trois états de gráce.

Quand on veut, d'une manière efficace, mener l'homme au bien, il faut plutôt appuyer sur ce qu'il doit haïr que sur ce qu'il doit aimer. Il n'y a que le choix qui coûte, et, si l'on ne s'y trompe pas, l'amour du bien ne s'y retrempe que mieux.

Le culte de la haine n'admet pas de ces formes, qui, en se consolidant dans les éternelles glaces des dogmes, coagulent l'idée. Avant que l'hypocrisie, notre expédient le plus pratique de la vertu, puisse encore s'y glisser, le mal est aboli. Et quand même l'hypocrisie s'y glisserait, on aimera alors clandestinement, ce que l'on hait ostensiblement, et en amour, il n'y a sincérité, dévouement et morale, que dans la phase où l'on n'ose pas l'avouer.

Mais elle n'aura pas le temps de s'y glisser : car espérons que le culte de la haine se révèlera avec le même enthousiasme que celui de l'amour, dont l'expression suprême est la charité avec son odeur obligée d'hôpital, et la charité dans une société visant réellement à la perfection est de trop. (Si la charité émue, la charité vraie, qui embellit au moins ceux qui la pratiquent, mais qui ne les sauve pas du désespoir, quand ils se voient réduits à recevoir au lieu de donner, si cette charité n'a pas pu opérer cette conviction, la charité intéressée, la charité vaniteuse, la charité forcée, qui enlaidit et ceux qui l'exercent, et ceux qui la reçoivent, me l'a imposé.)

Frémissez, frémissez tout à votre aise, cher lecteur, à entendre proférer une hérésie pareille ; mais méfiez-vous. pourtant, de votre sainte colère et soyez convaincu que si l'on n'avait pas haï, au nom du Christ, tout ce qui est saillant, grand et individuel, ce messie que j'appelle se-rait déjà venu et ne souffrirait pas que l'on me confondît.

Vingt années d'amour pour la France m'avaient bour-ré de sophismes ; deux années de haine pour l'Angleterre m'ont opéré de la cataracte.

Vive la haine ! Hip, hip, hip, hurrah.

Mes enthousiasmes déçus, mes amours guéris, m'a-vaient laissé de hideuses cicatrices, ma haine les a effa-cées. *Je suis aujourd'hui comme si je n'avais jamais cessé un moment d'avoir un cœur loyal et généreux.*

Comme je suis beau ! et que ma beauté se reflète bien dans les larmes qui s'échappent là de mes yeux !

Comme ma lucidité a grandi ! Je le vois maintenant ; la justice n'a jamais cessé de couler dans les veines de l'histoire, la raison n'a jamais lâché les rênes du gouvernement du monde !

Le doute à cet égard n'a pas plus de valeur que le jeu de ce petit muscle insignifiant, qui défigure l'homme, mais l'espoir est là, il lui déplissera le front. Qu'il essaie seulement de concentrer toutes ses forces dans la haine sacrée de la bassesse.

Souris donc, enfant gâté de la création, souris donc homme chéri ! Tu le vois bien, on t'aime encore !

Crois donc, mon homme chéri, et accueille d'un sourire l'alliance de la noble haine à laquelle je te convie ! Il n'y a pas de dégâts à redouter ! Il est possible que les Anglais profitent avant les Français de mes vérités ; j'en serais fâché pour les Français, mais nullement pour mes vérités. Voilà la nature réelle de ma haine !

C'est un bon enfant, au fond.

III

Dans la haine d'une nation, comme dans celle d'un individu, se résout l'énigme de leur existence.

« Tu ne laisseras survivre âme qui vive ! »

Qui ne sait que l'infraction à cette ordonnance de Moïse contient le germe de la destruction de la nation juive ?

Le trésor de la France, qui s'appelle *la haine de l'Angleterre*, est le seul qui a été gaspillé dans l'expédition du Mexique, — *l'expédition la mieux réussie de l'Angleterre*, et qui ne cédera le pas qu'à la guerre à l'Allemagne entreprise par la France au bénéfice de l'Angleterre.

Eh bien ! pour mieux convaincre de leur erreur mes amis, qui ne me croient pas les moindres dispositions comme financier, je prends à ma charge de faire rentrer ce trésor dans les caisses de la France !

Pour peu que l'on m'écoute, je réussirai !

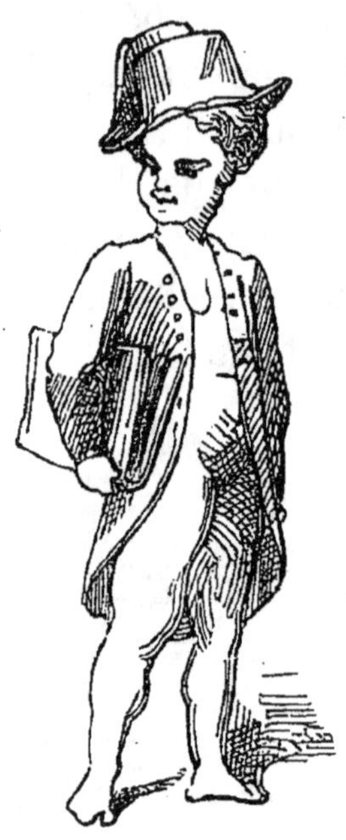

La haine internationale, c'est l'élément essentiel de toute nationalité, qui a conservé son expression originale, malgré le contact de l'humanité et les chocs de cette grande niveleuse.

L'absence d'une haine internationale stable réduisait les Allemands à l'état de nationalité de parade et leur donnait une égale aptitude à devenir Français, Russes, Anglais, Américains, etc., dans toutes les contrées où ils se sont fixés, où ont été annexés à d'autres nations. Voyez l'Anglophobe ; Julius Reuter roman anglo-français. S'il y a une nationalité à qui ils ont aimé, de préférence, emprunter des allures, c'est la France. Si la France voit avec quelque ombrage l'Allemagne grandir, qu'elle se contente de la vexer un peu, cela n'a pas d'inconvénient, mais qu'elle se garde bien de lui enseigner la haine. Car l'Allemagne, quand elle hait, ne s'embusque pas derrière une haie pour surprendre son ennemi : elle invente quelque chose comme la poudre, la réforme, l'imprimerie. C'est bien plus vexant et si j'avais le temps de chercher à me comprendre moi-même, je saurais peut-être mieux mettre cette idée au net.

Il y a des peuples que le Dieu des nations n'a pu faire avancer autrement que par une hérédité de haine internationale. Si ce levier a été inévitable pour faire marcher la France, qu'on ne croie pouvoir s'en défaire comme d'un vieux paletot. S'il n'y a plus dans la haine de la France contre l'Angleterre le souvenir d'un principe outragé et si elle ne doit avoir d'autres aliments que l'intérêt blessé, — je ne suis pas son apôtre, — et je donne carrément ma démission.

Vite, qu'on s'embrasse, qu'on place dans le Panthéon le marquis of Hasting près du comte de Lagrange, qu'on festine dans des *suppers* à tout rompre et puis qu'on vomisse sur les plus belles pages de l'histoire de France !

Que pouvait-il naître de plus monstrueux de cette amitié si hors de saison, que la haine de la France pour l'Allemagne, haine d'autant plus irrationnelle que cette dernière mérite moins d'en être l'objet et qu'il faut auparavant lui forcer la main pour lui en faire accepter la réciprocité.

Depuis le commencement de la Révolution nous avons vu la France mettre à l'essai toutes les formes de constitutions, soit anciennes, soit modernes, et ne trouver, quand elle s'est prise à vouloir être originale, que celle de l'Empire.

L'Empire a donc à se défendre de son mieux pour qu'un idéal d'importation anglaise ne l'emporte pas sur le penchant naturel de la France à puiser dans son propre sein l'expression de sa grandeur.

Si l'Empire français s'obstine décidément à méconnaître cette condition fatale de son avènement, il fera la guerre à l'Allemagne ; il fera une guerre, qui seule peut retarder pour un temps, la décomposition complète (sur la voie légale, je n'en disconviens pas), de la grande Angleterre. Il fera cette guerre, qui seule peut reculer chez elle les imminentes nécessités d'un coup d'Etat ou d'une révolution, corrolaire inévitable de sa grandeur, de sa grandeur, de sa richesse et de sa liberté.

Que fera l'Empire? Maintiendra-t-il et rendra-t-il plus intime le bail de l'Angleterre avec la Toute-Puissance ?

S'il est temps encore pour l'Empire français de retirer sa main protectrice de celle de sa loyale alliée (et il doit encore en être temps, puisque je viens tout droit du ventre de la baleine pour aller prêcher cela à Ninive), la France n'a qu'à abandonner les Anglais à eux-mêmes, en tenant l'avalanche d'une guerre suspendue sur sa tête ; et la Manche se desséchera de manière à ce qu'on puisse y passer à gué pour accorder l'aman à cette âpre tribu de boutiquiers. Et qu'on ne s'alarme pas de la nationalité et de l'amour de la patrie de ces messieurs. Un boutiquier ne peut avoir d'autre opinion que celle de ses clients. Le sol anglais est fait aux conquêtes ; il n'y a que de loin qu'il a l'air inabordable. Il n'y a que de loin que les génies qui en sont sortis le rendent pittoresque. (Voyez l'Anglophobe : *des granits et des eaux stagnantes dans la raison*).

Le commerce n'ira pas, dites-vous, si l'on voulait paisiblement attendre ce résultat ; le commerce ira toujours, il n'y a que le haut commerce qui souffrira, — mais cette aristocratie récente attend son tour de ruine. Pourquoi cette aristocratie pétillante de petitesse serait-elle plutôt épargnée que l'aristocratie foncière, qui, ruinée, végète encore passablement des prestiges de sa grandeur déchue. Mais apprenez donc mieux à lire dans les desseins de la fatalité, — la raison qui marche.

Il est incontestable (et, grâce à ma haine, je ne puis
dire que des choses iucontestables) que la France doit
au moins en partie l'originalité de son existence actuelle
à l'originalité de ses aptitudes à s'approprier les créations
réellement libératrices de l'Allemagne. La poudre, la réforme, l'imprimerie, comme tout cela est drôlement di-
géré par elle! Tirez bien vos diagnostics et il vous sera
facile de vous apercevoir où est pour la France le siége
de la maladie qui la travaille.

Consultez alors la physiologie de l'Allemagne et vous
verrez que là aussi est le remède, si vous désirez qu'elle
en relève.

Je fouille dans le tas de mes arguments amassés, afin
de tenir désuni ce que Dieu a séparé, et j'en retire un qui
ne sera ni le pire, ni le meilleur de mes raisonnements;
mais de la main de la haine contemplative on peut l'accepter tout d'abord et sans y regarder de trop près ;
car elle jette au ruisseau les viandes, les os et les lé

gumes, et ne sert que le bouillon consommé, cette bonne pâte de garde-malade.

Nulle part sur notre globe, où il y a un souffle de vie nouvelle, la gravité de l'avenir n'est ailleurs que dans l'Océan ; il n'y a qu'en Europe et spécialement pour la France, que les frontières naturelles s'enclavent dans le continent. Erreur, grave erreur ! La frontière naturelle de la France, avec ses deux rives, c'est la Manche. De l'autre côté du Rhin vit la nation qui aime sincèrement la France et qui ne demande qu'à trouver pour elle et la France une forme non équivoque de liberté, — que la France ne saurait jamais trouver sans elle (voyez Gœthe : *La Sorcière et son apprenti*).

Les races qui n'ont pas su résister à Rome dans le temps et dans lesquelles Rome a survécu, ne trouveront jamais cela seules.

L'Allemagne a depuis des siècles eu la pratique de [1]

France pour les besognes libératrices, — pourquoi la lui retirer aujourd'hui?

Depuis des siècles, l'Allemagne a créé pour la France qui, pour l'amour de l'originalité, n'avait qu'à dénaturer; c'est ainsi que la poudre est devenue la question des frontières naturelles, l'imprimerie, la propriété littéraire de la vermine éclose sous le manteau des génies, et la réforme, la nuit de la Saint-Barthélemy, les dragonnades, les massacres de la révolution, —bref, les crimes de Paris, dont l'absolution est en Allemagne, de l'autre côté du Rhin où il n'est rien moins que naturel d'entreteni des frontières hermétiquement fermées.

Que l'homme ne cherche pas à séparer ce que Dieu a uni, et réciproquement.

L'Angleterre est aristocrate, le gentilhomme y joue un rôle d'emprunt. La France est gentilhomme, l'aristocrate n'y existe déjà plus depuis longtemps (Voyez l'*Anglophobe* : Variations sur gentilhomme et aristocrate).

En Angleterre, l'aristocratie subjuguait son roi (besogne qui est absolument du domaine du peuple), tout

en lui ménageant, de la part des classes inférieures, une
vénération sans bornes (c'est-à-dire sans nulle raison
d'être). Elle devait donc nécessairement, dans tout ce qui
constitue la vie publique, substituer la forme à l'esprit,
jusqu'à faire de la nation, ce dont on ne doute pas encore en France) la *Chine de l'Europe.*

Ce roi, premier aristocrate, a très peu à se gêner pour
mener, avant d'arriver au trône, une vie de palefrenier,
et la puissance de l'hypocrisie qui veille sur sa tête doit
lui inspirer une assurance suffisante pour pouvoir, au
moins pour son compte, s'en croire exempt. En échange
de cette prérogative de la couronne, le premier drôle venu
se chargera de jouer le rôle de l'incarnation du droit
public ; mais c'est plus sacré quand cela reste dans la
famille.

Les effets de la constitution anglaise sur la nation ne
sont pas de meilleur acabit que ceux qu'elle produit sur
le trône ; et vous eussiez voulu, grands connaisseurs de la
race gauloise, dont vous croyez l'âme noble, que les
gentilshommes de France eussent fait de leur roi, — le
premier gentilhomme, — le même type symbolique de
la bassesse et de la cupidité ?

Que les mutuels défauts des rois et des gentilshommes
de France les eussent mutuellement entraînés à l'abîme,

rien de plus naturel! Mais rien de plus grand aussi que le dévouement avec lequel ces mêmes gentilshommes se firent tuer pour cette même royauté qui, systématiquement, les avait transformés en courtisans.

Quand vient le temps où l'égalité fait son travail, que voyons-nous ?

Là, une aristocratie aristocratisant tous ceux qui, ayant ramassé sur la grande route (sans se laisser prendre) de quoi pouvoir se payer le luxe de la savonnette à vilain et préparant l'encanaillement général par voie légale (tout par cette voie, si toutefois le mauvais état des affaires ne venait pas, un de ces jours, changer la comédie en drame); *et ici,* la gentihommerie gentilhommisant la nation, avec une légère nuance de courtisan (je n'en disconviens pas), mais en ne lâchant jamais le drapeau de l'honneur et de la fidélité, qu'elle portera moins incliné, moins baissé, plus ferme, plus haut, quand les Français sauront faire leur deuil de déplaire aux Anglais. Or, savoir avec leurs penchants chevaleresques, se soustraire à l'exploitation des Anglais, c'est ce qui leur reste avant tout à apprendre pour leur déplaire tout à fait. (Voyez l'*Anglophobe* : Parallèles de ridicules.)

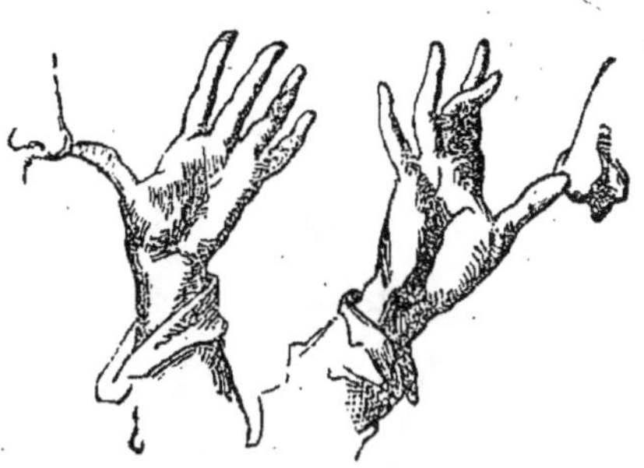

Pour une nation comme pour un individu, tout dépend de la façon de porter les défauts ou les qualités que les autres lui prêtent.

Permettre à la vanité de nous pousser à paraître ce qui nous plaît, ou à nous défendre de ce qui nous déplaît dans l'opinion publique, c'est risquer de fausser une vocation.

Encore n'est-ce qu'un demi-mal quand il s'agit d'une vanité qui, laissée seule avec elle-même, ne se fait point illusion sur son compte. Celle-là ne peut aboutir qu'à faire triompher momentanément la fourberie parée d'un vernis d'honneur, phénomène passager dans le développement d'une nation qui a, jadis, cherché l'absolu en fait de justice. Il y a pis encore : *la vanité convaincue*; celle-ci conduit tout droit au règne du béotisme pratique et de l'idiotisme raisonneur.

Mais oui ! On disait de la France, qu'elle était en quête de l'absolu ! C'était un éloge superbe tant qu'elle ne prétendait pas l'avoir trouvé. Depuis, cet éloge s'est changé en reproche, qu'elle croit devoir énergiquement décliner. Hommes et femmes y sont en quête de témoins à décharge.

Voilà ma clef pour arriver au cœur des Français. Il

me suffira de leur prouver par mon témoignage que j'y
étais,

Et j'y étais.

Ma déposition faite, les Français ne sauraient nier
qu'ils ont été grands et beaux; et qu'ils doivent au cou-
sin d'outre-Manche d'avoir été sauvés du sublime; or,
dans un temps où l'ingratitude seule peut donner quelque dignité à l'homme, c'est un puissant argument *ad
hominem*.

Je l'ai dit et je le répète : Je ne doute de rien. Je laisse tout leur mérite aux hommes sensés qui se trompent sur la puissance, la liberté et la richesse de l'Angleterre. Je ne m'expose pas, de gaieté de cœur, à passer à leurs yeux pour fou, en tentant une analyse psychologique de cette fortune imaginaire, mais, contre cet inconvénient, je répète un psaume spécial, c'est celui que le roi David composa lorsqu'il se fit passer pour fou en se réfugiant chez les Philistins.

(Les psaumes ont une puissance extraordinaire, même pour soutenir des arguments plus aux abois que les miens.)

L'efficacité de mon psaume à moi est si drastique que que je souhaite presque la bienvenue à mes contradicteurs.

Ayant une bonne fois mis la mine d'or au jour par la poudre, ils m'aideront à y construire des chemins fréquentables.

La lutte entre la France et l'Angleterre continue toujours, mais sur quel terrain? Voilà ce que personne ne saura nous dire, et c'est positivement un des avantages prononcés, obtenu par l'Angleterre, que ces hommes très sensés la croient, pour jamais, placée sur celui des émulations civilisatrices.

La lutte de la raison et ses parasites avec le cœur et ses écarts des deux côtés de la Manche n'est encore qu'à peine entamée; elle se continuera sur le terrain des vicissitudes que les deux nations auraient réciproquement à s'envier, à s'imiter ou à se reprocher. Le terrain où elle s'achèvera à l'avenant (voyez l'*Anglophobe*, des délicatesses exigées par l'honneur et des habiletés tolérées par la loi.)

RÉCAPITULONS

Quels sont les risques auxquels je m'expose ?

Pour des raisons qui n'ont rien à démêler avec celles des ambitions malingres et besogneuses, il faut que mon chemin se fasse.

Je reçois un outrage sanglant qui réside dans les mœurs, les lois et le caractère incorrigible des Anglais.

L'appel à l'opinion publique m'est ouvert; mais je m'y heurte contre l'amitié anglo-francaise passablement hypocrite. (J'aurais mieux aimé, pour l'ébranler, qu'elle fût tout à fait sincère; mais je n'ai pas le choix.) Je m'y heurte contre des routines ayant pris des racines non moins profondes que le mont Blanc et le St-Bernard. Je ne possède, pour écarter ces obstacles, qu'une maladresse incontestée, mais opiniâtre, et pourtant je ne recule pas.

Mais qu'y a-t-il en cela de si singulier? A tout homme

que Dieu charge d'un emploi, Dieu en donne tôt ou tard l'esprit. (Voyez : *Histoire de la France et de ses alentours.*)

Parce que des empires se brisent contre des obstacles de cette taille, est-ce une raison pour que je m'abstienne!

Mais, chers lecteurs, vous êtes donc encore de cette école d'Archimède à qui il fallait un point d'appui hors du monde pour le soulever ? Et Galilée, donc?

Mettez-vous là avec moi, et quand nous rencontrerons la porte que je veux me faire ouvrir, nous fourrerons dans la serrure la clef dont je vous ai parlé. Où serait l'avantage d'une terre se mouvant, si elle ne doit pas rendre la vie douce à ceux qui veulent la retourner?

Destiné à rompre avec bien des routines, je ne tergiverse avec aucune qui me déplaise.

Si j'étais armé de pied en cap d'une bonne logique et d'une éloquence revolverant trente et quelques coups à la minute, j'attaquerais peut-être la vieille châtelaine de l'outre-Manche sur la grande route de ses méfaits pour lui arracher ses diamants de famille. C'est la routine, et cela n'aboutirait qu'à rehausser la valeur de ses brinborions. Mieux vaut que je reste gamin, courant après son carrosse de parade en criant à tue-tête : « Tes diamants sont des strass, des strass, des strass; il y a longtemps que cette substitution s'était faite dans ton honorable famille ! »

C'est là une méthode, vous direz enfantine, mais pour moi infaillible pour démonétiser ses clinquants, surtout si la vieille chenille avait déjà, auparavant, lu sur les visages ricanants de quelques juifs experts en la matière, un jugement semblable à celui de ce gamin.

Je défie de les serrer désormais avec la même déférence dans son écrin, en revenant de ses cérémonies.

Ma chère petite France, que j'ai constamment aimée avec mon cœur candide d'Allemand ! tu m'as constamment répondu en me traitant de canaille. C'était le moyen de souffler sur la flamme, car il coule dans tes veines une source intarissable de sagacité; mais ces sortes de combustibles s'usent comme les autres, et je ne veux pas regretter cet amour.

O ma chère petite France! O ma bonne et pétulante

mère adoptive de mon choix, lis-moi donc et fais-moi lire! Tu me rendras si fier de toi et je te ferai entendre de tels accents que tu ne pourras avoir honte de moi!

Ta rivale aussi a eu l'impudence de se déshabiller devant moi; mais je la déteste, pourquoi la ménagerai-je en te parlant d'elle?

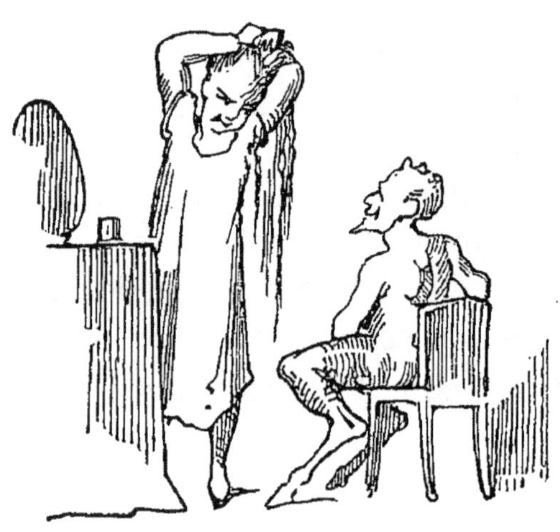

Fais-moi lire, ma bonne petite mère, je te ferai rire de si bon cœur que ton faux chignon, à toi, prendra racine sur ton crâne!

Le récit de la décrépitude de ta rivale te rajeunira au point de faire jaillir un lait nourricier de tes mamelles meurtries.

Ça serait tout de même drôle si l'amour de ce pauvre Allemand ignoré te rajeunissait ainsi.

Moi, j'y crois.

Fais-moi lire, ma bonne petite mère !

POSTSCRIPTU M

Cet extrait de mon *Histoire de l'invasion anglaise*, que je publie comme brochure n'est que le fourrier qui doit préparer les logis aux idées qui viendront avec le gros volume.

« Ce gros volume, si cela se pouvait, je voudrais bien
« le composer, illustrer et imprimer moi-même par un

« procédé que je viens d'inventer et rendre pratique. »

Ce n'est pas la protection pour les idées généreuses qui a diminué en France, les protecteurs ne sont plus les mêmes; et ceux-là ne se sont pas encore pénétrés de leur tâche, de sorte qu'on y continue de briser l'huître pour en extraire la perle.

Depuis des années (et des années rudes, je n'en dis pas le nombre, on croirait que c'est un reproche) je n'ai fait que travailler sans mot dire, sans sourciller sous les tortures que j'endurais et je me suis ainsi habitué à être taciturne jusqu'à passer pour sournois, pendant que j'avais, comme vous voyez, des dispositions pour être bavard.

Voilà pourquoi ma langue traîne encore dans cette préface, voilà le mobile de la colère de ce vieil enfant qui veut qu'on le devine sans qu'il s'explique.

Mais je ne persisterai pas dans cette humeur morose.

Quand les anges donnent la parole aux ânes, les prophètes ne peuvent pas refuser de s'émouvoir. Je suis donc à peu près certain que l'on ne m'ignorera pas, et une fois en vue, je deviendrai aussi instructif et spirituel qu'un âne peut le devenir ; sa parole compte dans le Talmud pour une de ces créations que Jéhova s'était réservé pour son jour de repos.

Voici ce que j'avais pensé et ce que j'ai voulu.

J'AI PENSÉ

« Que les Sinaïs, vers lesquels les peuples n'oseront jamais s'approcher et les Golgothas où l'on ne cesserait jamais de les envoyer en personne, ont pour toujours faussé le culte *du vrai* et que le culte du beau, qui peut se passer de la mise en scène des Sinaïs et des Golgothas, saura mieux accomplir le nivellement du genre humain.

J'AI VOULU

« Rendre la surveillance de la multiplication de la pensée impossible.

« Rendre inoffensifs les intermédiaires qui s'agitent dans le commerce de l'art, entre l'artiste et le public. »

Pour que je puisse réussir à laisser à la mise en pratique de mon invention la grandeur que j'ai rêvée pour elle, pour que je puisse résister à la routine qui, en faisant miroiter la fortune devant mes yeux, commencera par accoupler mon Pégase à de vieilles Rossinantes, il faut que les yeux de la France soient braqués sur moi.

De grace !

Voyez dans ma démarche un signe de cet orgueil in-
domptable que vous avez déjà condamné avec l'onction
d'un sacristain ; mais n'y cherchez pas un grain de cette
vanité à laquelle peu de vous ont su échapper.

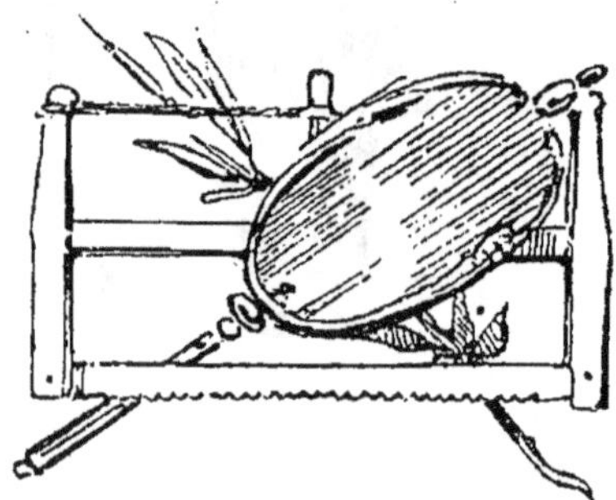

Quelque jour et quelque part je serai compris. Pourquoi
ne le tenterai-je pas en France ? Si vous vouliez, la chose
pourrait se faire de la meilleure grâce possible, et si vous
connaissez quelque part de pauvres poètes, de pauvres
artistes, je les mettrai gratuitement à flot avec moi.

C'est mon devoir de le tenter en France et pour cause :

Mon invention emprunte ses ressources à la photographie, et la photographie a été inventée en France.

Il n'y a qu'en France que la photographie pouvait s'inventer, il n'y a qu'un Français, qui, devant la glace, pouvait avoir conçu la ferme résolution d'y retenir cette belle image de Dieu.

Il faut donc aussi que cette invention soit ramenée en France à sa véritable mission.

Pour l'amour de ses écailles, messieurs, souffrez pour

une petite fois qu'une huître qui contient une perle, s'ouvre doucement d'elle-même !

Dr. Julius-M. LOEWE

Hornoy, le 7 août 1868.

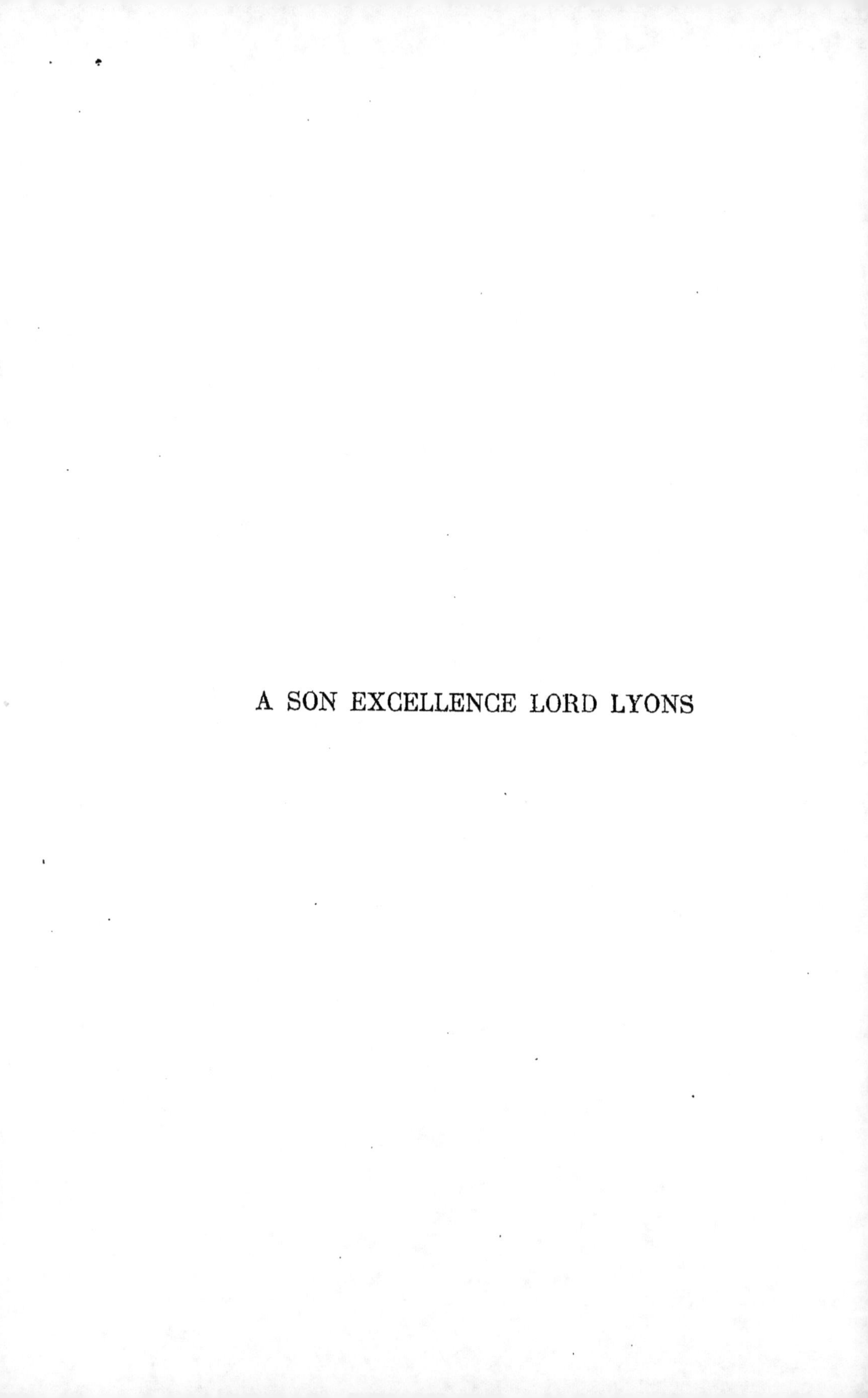

A SON EXCELLENCE LORD LYONS

A Son Excellence lord LYONS, ambassadeur

d'Angleterre en France.

Mylord,

Durant toute ma vie, les passions généreuses étaient dans mon cœur comme chez elles. Tour à tour, elles y firent des orgies ou se rongèrent les pouces, selon l'abondance ou la pénurie du garde-manger ; mais la haine pouvait, tout au plus, y jouir de l'hospitalité d'une nuit.

Pour avoir pu apprendre à haïr votre nation, il a fallu que les outrages que j'ai reçus dans votre pays fussent l'œuvre de ses mœurs et de ses lois. Pour en faire l'étude, j'ai écrit le livre dont je publie aujourd'hui la préface, suivie d'une lettre à Votre Excellence.

Et tout cela, mylord, pour me convaincre moi-même.

J'ai l'âme myope : si Dieu voulant créer un homme à son image venait me consulter , je lui demanderais à voir un premier essai, pour connaître d'abord ce que Dieu pense de lui-même, et si l'essai parlait anglais, je ne suis pas bien sûr si je lui dirais de continuer.

Ne craignez point qu'il y ait dans cette lettre quelque chose qui puisse vous être désagréable; c'est au contraire une humble supplique. Si je criais trop haut, que je me ferai justice à moi-même, Votre Seigneurerie croirait de sa dignité de m'abandonner à mes propres ressources. Cela serait fâcheux pour moi

— car Votre Seigneurie n'ignore pas que la pauvre abeille laisse sa vie dans la piqûre qu'elle fait.

Pendant deux années, mylord, j'ai été à la recherche d'un juge en Angleterre, et je n'ai pas pu le trouver. C'est un luxe, que j'aurais pu me procurer en France avec une dépense de cinquante centimes ; je ne dis pas qu'à ce prix j'aurais eu un juge avec les yeux d'Argus, mais je pouvais toujours lui prêter les miens.

Il est bien entendu que je vous adresse cette lettre humble et suppliante, dans le seul but de solliciter de votre Excellence un juge en Angleterre.

Vous me direz, mylord, que l'Angleterre a autre chose à faire que de s'occuper de mes griefs. Mais il est évident que moi je n'ai pas autre chose à faire, et l'Angleterre paraît, comme tous les autres pays de l'Europe, avoir renoncé au droit de choisir les sujets qui doivent la toucher. Si la vermine qui fourmille, là où les grands Dieux de la Grèce ont vécu, peut tenir l'Europe en haleine, les griefs d'un homme outragé peuvent la frapper, si cet homme le veut, et il le veut.

Mylord, faites-moi rencontrer la perruque respectée de mon rêve, et je veux porter le fardeau de cette préface décousue, enfantine, injuste, insensée. Rien qu'un juge et je consens à demander humblement pardon à vous et à votre nation. Je consens à trouver de la vraie grandeur dans cette action, après m'être mis hors d'haleine pour grimper au sommet de la petitesse gigantesque de l'Angleterre. Cruelle punition !

Voyons, mylord, un bon mouvement. Comme représentant l'Angleterre, cela pourrait vous paraître interdit ; comme représentant l'Angleterre en France, c'est obligatoire. Je me couvrirai seul de ridicule, si vous vous laissez entraîner : si ce mot *ridicule* ne vous va pas (c'est l'acier dont l'Angleterre forge sa cuirasse, et par conséquent *de la matière sacrée*), choisissez vous-même la chose dont je dois me combler; mais faites-moi avoir ce juge et l'opinion de votre pays pour avocat.

Pour plaider ma cause, j'ai choisi l'opinion publique anglaise ! que cette bonne vieille et respectable dame, à repentirs, ne se fasse pas illusion sur son infaillibilité, je ne me fierais pas encore, les yeux bandés, à sa sagacité, j'exigerais avant tout, qu'elle appliquât son cornet acoustique sur l'oreille et me permît d'y crier : *Mais oui ! vous êtes avide de vérité, de clarté, de science ;* mais pourquoi ? Pour bien commander le stock-exchange ; mais pour bien dominer les affaires — la félicité éternelle pour vous, est une bonne affaire ; tandis que la damnation éternelle en est une mauvaise ; c'est là la seule explication de l'ardeur de la nation dans sa propagande évangélique. Les Anglais n'aiment point les relations avec les gens en mauvaises affaires.

Pour un juge, l'Angleterre acquérera un serviteur très humble qui, à l'exception de quelques innocentes petites malices, conséquence habituelle du courroux d'un enfant hors de lui, reprendra son air bête. Sinon, elle se sera mis sur le dos, pour la durée de sa vie, un nouveau *Fenian* qui saura se faire accréditer près des princes, pour qui la Constitution de l'Angleterre est une humiliation vivante, et près des peuples, pour qui elle est un éternel trébuchet.

Un homme suffit pour trouver le point d'appui ou doit s'appliquer le levier. Ceux qui pourraient l'aider pour la manœuvre et coucher sur le dos ce monstre marin, ne se feraient pas trop tirer l'oreille.

La loi qui pourra prévoir et prévenir toutes les ruses de ceux qui trafiqueront avec elle, est encore à inventer. Ce n'est qu'au temps où les dieux s'en mêlaient qu'elle avait cette précision des dix commandements qui suffiraient encore aujourd'hui, par leur simplicité, à trancher les difficultés compliquées de tous les Codes. — Mais, voici bien comme sont toutes les nations en général, et comme était la nation juive en particulier : elles acceptent l'invitation de se présenter aux Sinaïs, elles s'endimanchent et vont aux rendez-vous ; mais, arrivées là, elles s'effarouchent dans la crainte de se trouver face à face avec le Dieu dans sa grandeur et dans sa majesté, et elles prient leur prophète d'y aller pour elles. Ainsi, de prophète en prophète, les lois se compliquent et n'expliquent rien. Ah ! qui donc étouffera cette vieille rancune entre Dieu et les hommes ? Combien de temps encore les mortels couperont-ils la tête aux dieux pour se venger de ce qu'ils leur ont coupé le chemin de la tour de Babel qui les faisait monter tout droit chez eux ?

Ni armées, ni marines, ni richesses, ni savoir, ni art ne peuvent, même ensemble, créer des prestiges à une nationalité. C'est l'amour de la justice vivant en elle qui, seul, peut donner sa valeur intrinsèque, mesurer son passé et prédestiner son avenir.

Faut-il, milord, arracher quelques versets de la Bible pour vous prouver cela ? Je le veux bien, mais si vous n'y prêtez pas plus d'attention que vous n'en donnez peut-être à votre chapelain de la chapelle de l'Ambassade, ne me le demandez pas. Cela ne vaudrait pas la peine que je vous eusse montré dans le désert trois étapes où blanchissent les os de bien des chameaux et des chameliers.

« — Et au commencement fut le verbe » (Saint-Luc).
— Quel verbe ?

« — Faisons un être à notre image (Genèse).
— Quelle image ?
— L'image de la justice divine.

« Et Dieu passa devant Moïse et disait ; moi, moi, je suis un Dieu, plein de miséricorde, de grâce, de vérité et de pardon. Mais (voilà l'éternel terrible) je ne laisserai pas impunie la faute du père, jusque dans la dixième génération. (Exode 33.)

L'envers de l'image de Dieu n'a plus, comme vous le voyez, Milord, le même air bonhomme ; mais comme il est écrit que Dieu passa, il devait déjà être bien loin de celui à qui il se révélait, quand ce terrible *mais* se fit entendre : Les Dieux vont si vite.

Réfléchissez, mylord, l'opinion publique que vos compatriotes prétendent tant respecter et qui parviendra, peut-être, à les civiliser un jour, doit comprendre, dans les missions de ses représentants à l'étranger, le soin de veiller à ce qu'aucune accusation d'injustice flagrante ne ternisse l'honneur de l'Angleterre. Ne demandez-vous pas parfois raison à quelques sauvages qui maltraitent un de vos compatriotes. Des sauvages, mylord, n'eussent jamais exercé les raffinements de cruautés dont vos compatriotes ont usé envers moi. J'ai le choix, entre trois nationalités, pour obtenir une revanche. — J'ai été enfant en Hongrie, adulte en Allemagne, et je suis devenu homme en France, mais je préfère ne hisser qu'un pavillon neutre sur cette première canonnière.

Faut-il désarmer, mylord ?

Les Anglais (ceci, pour vous montrer, Mylord, combien je les crois ressemblants à l'image de Dieu) les Anglais se divisent en deux sortes d'hommes : ceux qui connaissent les lois et en exploitent les formes et ceux qui n'en trafiquent pas, mais qui en ayant entendu parler, se renferment effrayés chez eux, et forment une sorte d'opinion publique à système cellulaire.

La pratique telle qu'elle fonctionne en Angleterre et déjà, grâce à elle, un peu partout, est l'hypocrisie de la raison. C'est ce prétendu sens pratique galopant qui a ôté à tout Anglais connaisseur de la loi, et à ses élèves à l'étranger, tout sentiment de délicatesse. C'est lui qui produit cet abrutissement affairé et besogneux que l'*office Reuter* (l'institution la plus idiote que le télégraphe ait engendré) entretient dans Moorgate-Street avec ses trente-deux gamins polyglottes.

Mais revenons, Mylord, à mon humble supplique et à l'échange que j'ai à vous proposer : Votre Seigneurie a probablement lu ma préface avec quelque attention, et il ne lui sera pas échappé, que j'y émets cette doctrine que la Manche, avec tous ses rivages, est la véritable frontière de la France.

Présumons qu'en dernière analyse cette idée soit l'idée la plus baroque et la plus insensée qui ait jamais été enfantée par une cervelle humaine ; n'a-t-elle pas déjà, en raison même de ces qualités, le droit de réussir comme maintes autres de même acabit, qui commandent aujourd'hui les événements ?

Mais il suffit qu'elle sourie à ma haine, pour que je lui voue ma plume, mon crayon et mon invention, afin de lui préparer un meilleur placement.

Comprenez vous, Mylord, cela suffit. Le Christ même, a-t-il dit quelque chose qui ait été écouté ? Les prophètes ont-ils besoin de dire quelque chose qui en vaille la peine ? Le fait de se révolter seul, sans armes, sans barricades, au milieu des empires, suffit ! Comprenez-vous, Mylord, cela suffit !

Je ne vais pas plus loin dans le développement de cette idée, pour ne pas faire tort à ce pauvre Christ. Si les puissants savaient que c'est une idée de révolte qu'ils s'imposent, ils retourneraient à Pan, et j'ai besoin que les choses du monde continuent à aller leur train. Moi et ma fidèle amie la Fatalité, nous avons bâti quelques bonnes petites combinaisons innocentes là-dessus.

Eh bien ! milord, pour un brin de justice, nous y renoncerons. Que Votre Seigneurie y réfléchisse ! La Manche avec tous ses rivages, frontière naturelle de la France, vous ne pouvez songer à laisser ce fulminate au pouvoir de ma haine. Avec cette idée, je donnerai à l'Empire et à la France un but qu'ils peuvent mutuellement s'avouer. Avec cette idée, je ferai un nouveau 2 décembre international, mais légal, et avec vingt millions de suffrages motivés.

Se révolter au milieu d'une société, blindée d'un métal aussi impénétrable que la sottise, croyez-vous que cela se püisse faire avec la seule logique que les bonnetiers du journalisme savent par cœur?

La Manche avec tous ses rivages, frontière naturelle de la France, — indiquez-moi, mylord, une page de l'histoire de France qui ne le prouve pas. Napoléon Ier n'était Français que parce qu'il en avait l'intuition. Si Napoléon III voulait exploiter mon idée, je lui garantis la naturalisation française.

Comment ! j'aurais, *moi*, aimé la France avec [passion, et je rougirais comme une jeune fille d'avoir une idée trop hardie. Mais si elle voulait, je retournerais avec elle la Sainte-Alliance contre l'Angleterre.

Ne craignez point que j'aie déjà trop parlé, je ne connais aucun homme d'Etat en France qui puisse s'emparer de mon idée sans faire une sottise. C'est ma haine seule qui en possède la clef.

Si vous voulez, milord, nous la jetterons dans la mer. Oubli, pardon, humiliation de moi-même, — pour un juge, mylord, pour un juge.

Paris, le 1 janvier 1869.

D. J.-M. LOEWE.

Paris. — Imp. G. Kugelmann, rue Grange-Batelière, 13

9 782012 397729